二元代表制への挑戦

―議会改革と議会報―

ジャーナリスト
大和田 建太郎

地方自治ジャーナルブックレット No.70

目次

第一部

終わりのない旅、議会制民主主義の道

―戦後初期の地方議会報を振り返って―

1　はじめに

戦後の激動期に、地方議会がどのように行動したかをその情報媒体である議会報（議会だより）を通して眺めてみたい。今日の地方議会はさまざまな問題を抱え、いかに再生できるかを問われている。新しい地方自治法の実験台となった初期の議会の経験をたどってみれば、なにがしか再生の手がかりが得られるのではないだろうか。

戦後の二元代表制のもとで長年、議会は財源不足と議会事務局職員の不足という〝ないないづくし〟の貧しさにあったが、近年は潤沢ではないとしても、政務活動費という自己財源をもつに至っている。財源と人材という政治資源のさらなる均等化を視野に、再生のシナリオをさぐる機会でもあると考えたい。

戦後の民主化のなかで、自治体広報紙や議会報などがしだいにととのえられた。家庭に定期的に配られる地域の広報紙は大ざっぱにいって、自治体の行政広報紙、議会報、地域の住民団体などがつくる参加型広報紙の三つのタイプがある。いずれも、地域社会の課題などにかかわる情報を伝える役割をもつが、どれほど住民の多様な意見やニーズを受け入れているかで差異がある。

これらのうち、参加型広報紙は住民の多様な意見を盛り込んでつくられる対話の場である。行政広報紙は政策を周知させる機能をもつが、ともすれば行政側からの一方的な情報伝達のツールとなりがちである。議会報は多様な地域課題をめぐり意見、主張をたたかわせる公論の場であり、有権者の声を反映させる場である。執行機関への議会での異議申し立てのありようが、議会報で報じられ、住民の政治参加を促すことになる。

こうしたメディアによる情報周知の繰り返しによって、住民と議会、行政の関係は緊密になり、地域の政治風土に深みを加える。濃密な情報のもとで、住民は地域の公共的課題により注意深くなるのである。もちろん、これらの地域メディアの影響力には限界がある。新聞やテレビ、週刊誌などのジャーナリズムで日々伝えられる地域情報が、住民の関心をとらえやすいことはいうまでもない。

2　都道府県、市町村主導の地域メディアの変遷

●男子普通選挙の効能

行政広報紙と議会報（議会だより）は、ともに戦後民主主義の産物のようにみなされてきたが、終戦前にあっても市町村長が議会で選出される一元代表制のもとで、行政広報紙と議会報を兼ねたものが市報、町報、村報のタイトルで流布していた。

自治体の刊行物は、明治の地方改良運動や大正の郡制廃止、昭和の地方選挙における男子普通選挙、農山漁村経済更生運動などの歴史的転機が発行の誘い水となった。

まず、地方改良運動期に郡役所の「郡報」「郡公報」の創刊が続き、前後して東京市や大阪市などの都市部で「公報」が出された。公報は、条例や規則、行政にかかわる行事の告知のために発行されるもので、議会の動きなども雑報として掲載されるが、一般世帯への配布物ではなかった。

大正デモクラシー期には、市町村報の発刊が増えた。愛知県日進村（現・日進市）の大正15年6月、

村報創刊号は「7月1日からの郡役所廃止後の自治権の行使と政務について、当事者はもちろん村民一般が善処すべきと存じ、村報を発刊する」と述べた。新しい自治のかたちを求めて、話題を共有しようという試みである。全国町村長会報昭和6年2月号の「町村報の使命と其の経営について」は、「折角普選になっても、最も関係ある町村会議員の選挙について其他私共の政治思想を遂行させ得ることは出来ない」と、町村報による啓発の必要性を強調している。

こうして、町村報には議会情報が掲載され、地域課題などをめぐる公論の場となったのである。男子普通選挙が、市町村主導の地域メディアを誕生させる要因となった。ただし、農村部の村報類にあっては、農作業の紹介、出稼ぎする繊維女工の賃金相場といった暮らしの情報や納税の奨励、徴兵検査の告知などが紙面の大半を占めていた。

この時期に、参加型広報紙が一部農村地域で青年会などの編集によって登場した。それは、町村役場の行政情報のみでなく、住民のさまざまな肉声を伝えるコミュニケーション空間となった。名望家たちが支配する地域社会に、住民自治の息吹きが漂っていたのである。しかし、軍靴の響きが高まった満州事変前後から、検閲制度や在郷軍人会などの圧力で参加型広報紙はしだいに影をひそめた。

やがて、農山漁村経済更生運動期に、情報統制の道具として町村報の発行が増えていった。日中戦争が泥沼化するとともに、総動員体制に向けて住民への行政情報の周知策が強化された。農村でも都市でも、出征兵士の壮行会行事や満蒙開拓への動員策がしきりに報じられた。言論統制下にあった商業新聞と同じく、市町村報も人心支配の格好の道具となった。

●パブリック・リレーションズの魔術

戦後、議会と執行機関がともに公選された結果、従来のように市町村議会に市町村長が従属する関係とは異なって、両者は分立することとなった。明治中期以来の自治のかたちが一変し、かつての強い議会・弱い首長という関係は、逆転しうることとなった。

この二元代表制のもと、自治体内部における情報媒体のありようが大きな焦点となる。

戦後改革期に民主化政策の一環としてパブリック・リレーションズという概念が、アメリカから導入された。連合国軍総司令部は都道府県に対して「県民に政策資料を提供し、判断させ、自由な意思を発表させることに努めなければならない」という趣旨で、パブリック・リレーションズ担当部門の設置を促した。自治体は、住民の要求をさぐって政策形成に生かす施策をとった。

昭和22年の地方自治法改正により、自治体首長は年2回以上、財政状況を住民に公表することになった。日本都市連盟が26年に行った財政白書の公表方法に関する調査によると、回答した152市のうち広報紙や公報への掲載は107市におよんだ。財政白書の公表は、住民の理解を深める工夫に欠けていたものの、行政広報紙の発行を促すアクセルとなった。

この時期に各地の自治体で出された広報紙などの印刷物は、総司令部の検閲機関で収集したプランゲ文庫で一瞥することができる。自治体広報紙や議会報、公民館報は、地域課題をめぐる公論の場となることが多く、住民たちがいかに言論の自由の復活に情熱を燃やしていたかを示している。

そうではあれ、占領軍の活動は一方で、管理された民主主義をすすめるものであった。それを如実に示すものは、25年12月に地方自治庁が総司令部民間情報教育局新聞課長インボーデン中佐の示唆を受けて都道府県知事宛てに発した「地方公共団体に於て広報紙などを発行する場合における一般商業新聞類似行為の禁止について」という通達である。

これは、「広報活動においては、すでに客観化された事実について、一般住民に周知徹底するものであって、ある事実を決定に導くような宣伝行為はこれをなすべきではなく、たとえば、つぎのようなものは、原則として、掲載すべきではない。イ営業広告、ロ評論及びこれに類するもの……」（愛知県知事公室広報課27年4月、「愛知県広報活動の概要」p.25―26）という内容であった。

この背景には、25年6月に韓国と北朝鮮の間で勃発した紛争があったとされている。通達は、行政広報紙で政治的話題を扱うべきではないという発想であった。評論活動の抑制は、行政広報紙や公民館報における言論の自由を制限し、参加型広報紙の発展を抑圧した。議会報などにも載っていた民間企業の広告欄がおおむね消滅した。

対話ではなく説得を旨とするパブリック・リレーションズ概念によって、行政広報活動は行政の管理機能といった面に重きをおくようになった。決定した政策や行政サービス、イベントなどをひたすら平明に伝える行政広報紙のスタイルが徐々に定着していった。そこでは、住民と行政の間で情報が双方向に往来することが少なく、一方的な「お知らせ」広報という印象がひろがることになった。

二元代表制のもとで、財源と人材の政治資源を握る首長主導の広報活動が影響力を拡大することになった。地方議会にとっては、その権限強化と自らの情報発信が緊要な課題となってくる。とりわけ、議会報という情報源は、有権者の活字嗜好に訴えて政治文化を培養することに深くかかわっている。

地方新聞を含む商業新聞はともすると、地方議会の動向を伝えることに消極的である。議会は、議会報による情報発信につとめなければならない。

3　議会報の足取り

●初期議会に溢れる熱気

新しい地方自治制度の習熟期にあって、地方議会は地域民主主義の旗手として登場し、新しい仕組みの注釈に追われながら、自らの力量をたくわえることになった。この脈動を伝えるのが議会報である。都道府県議会や市議会は相互に議会報や類似の刊行物を交換しており、これらに載った交換リストやプランゲ文庫の収蔵資料から、議会報と類似刊行物を大ざっぱに把握できる。しかし、その多くは散逸して、うたかたの如く歴史の藻くずと消えている。

そうではあれ、現存資料は、戦後民主主義の熱気のなかで議員たちがどんな壁にぶつかり、どんな夢を描いていたかを、生の言葉で語っている。各地の議会との間で情報共有が盛んに行われ、ひとつの議会報で披露された知見が、他の議会報でも繰り返された。

個々の議会報は断片的な情報を伝えるにとどまるとしても、横断的に集積すれば、より大きな実像が復元される。地方行政にかかわる政府機関が地方の動きに対応した状況もみえてくる。

議会報で垣間見るのは、地方自治がいわゆる「逆コース」をたどるに至るまでのタイムスパンであり、そこでは、地方制度の創設にともなって、相応の政治風土が成熟するかどうかが問われることになる。この制度を日常生活の新しい普段着として、着こなすことができるのかどうか。今日の自治の基盤を模索した地方議会の変容、その光と影に立ち会ってみたい。

ここで引用するのは、公共図書館や議会事務局に保存されていて、入手が容易であった資料である。

●発行回数はきわだって多かった

今日の議会報はおおむね年間5、6回の発行だが、初期には謄写版刷で、週報・旬報のタイトルで発行頻度の多いものもあった。その発行は、昭和23年春の大阪市会や東京都議会などをさきがけとして、熊本県、長崎市、山口県、鳥取県、高知市、名古屋市、静岡市、北海道、札幌市などで相次いだ。

高知市市議会ニュース24年7月30日号は、各市議会の刊行物リストを載せていた。合計42の刊行

物には、議会報20（大分、延岡、長崎、松江、広島、呉、新居浜、松山、西条、徳島、舞鶴、神戸、大阪、京都、名古屋、静岡、川崎、横浜、横須賀、札幌）、公報14（鹿児島、熊本、福岡、呉、姫路、西宮、大阪、京都、奈良、名古屋、新潟、仙台、秋田、函館）、自治体広報紙6（広島、新居浜、八幡浜、宇和島、坂出、岡山）、その他2（岐阜、青森）が含まれていた。

これらの多くは、現存資料がないため詳細はつかめないが、議会報や公報、行政広報紙など複数の刊行物を併せて発行する自治体が目立つ。27年末ごろまでの各地の議会報の交換リストによると、議会報や類似刊行物は30余の都道府県議会、約25の市議会であった。交換リストが当時の刊行物すべてを網羅していたわけではないので、実数はもっと多かったであろう。

●有権者の政治的覚醒をめざす

デモクラシーが繁栄するには、読み書きする住民の活字への執着に応えなければならない。議会報が、政治文化の温床となるからである。

高知市議会ニュース24年1月15日号の「発刊の辞」は、議会活動への理解を願い、「市民各位と市議会とのくさびともならば幸甚です」と告げた。山口県議会は25年6月1日施行の議会月報発行規程に、「民意に基く民主的議会の運営に資し、併せて県民の政治的関心の昂揚を図るため、議会活動の実態を広く県民に紹介する」ことを目的に掲げていた（山口県議会月報25年5、6月合併号）。

東京都武蔵野市議会報の26年11月創刊号で、議長が「民主主義の政治は世論の政治であり、世論は政治についての正しい認識の上につくられる主権者である」、議会報を通じて「市民が選挙という限られた機会だけでなく、絶えず自らの考えを政治に反映することに努めるならば、市民の福祉は益々増進される」と述べた。

鳥取県議会は、議員や理事者のため各種委員会の記事を中心とした「月報」と、広く県民を対象とする議会新聞「月刊鳥取県議会」の二つを刊行した。月刊鳥取県議会23年8月号「発刊の辞」は、「議会活動の報道に日刊紙の協力を受けているが、用紙事情からの紙面の制約は如何ともなし難いものがある。議会新聞はこの制約を緩和せんがためにほかならない」と述べた。背景には、新聞報道にあきたらなかったという事情もあった。

議会報は住民の地方自治への自覚を高めるためのものだったが、初期には配布先が限定的であった。県議会レベルでは、市町村への配布を優先した。たとえば、鳥取県議会は町村議会などへ無料配布したほか、部落会や青年団、職場団体の代表者には議会事務局から受け取るよう呼びかけていた（月刊鳥取県議会23年9月号）。

高知市議会ニュース24年4月10日号の「編集後記」は、このニュースを広く頒布するには予算が足りないと内情をさらけだしていたが、同ニュース27年4月1日号は「新年度より議会ニュース増刷、希望者に無料配布」とうたい、さらに4月には従来ほぼ月1、2回刊行の市議会ニュースに加えて「市議会週報」を創刊した。

ほとんどの議会は、居住者全戸への無料配布には手が回らなかった。人口約23万人、約5万1千世帯の鹿児島市では、28年4月の行政広報紙発行部数が4万部であったが、議会報は2千部であった（同市議会報27年5月号と28年4月号）。武蔵野市議会報は創刊号から全戸配布したが、当初月1回の発行回数は定例会の開催が減るとともに年5回前後となる。

●伝統的美風

大阪市会は23年2月26日、「市会週報」を創刊し、24年5月から月3回の「旬報」と改めた。これは、議会関係者に限定的に配布される「非公開的なもの」（旬報6年4月下旬号「あとがき」）だった。市会情報の発信は内向きだったが、ジャーナリズムは関心を寄せていた。

日本放送協会大阪放送局は23年4月上旬に「公選市長の就任1周年回顧」番組と市議による批判座談会を放送したのに次いで、毎年のように市民の自治意識に寄与すべく30分前後の市議会関連番組を流してきた。26年6月9日の放送討論会では、「予算議案が付帯決議だけで通過している。無修正必ずしも悪くないが、物足りないように思う」と司会者が問いかけた。これに対し、市議たちは「これは無修正、原案可決が大阪の伝統的美風だということを理事者が堅持していることにもある」、「理事者が……議案提出までに各派の意向を充分いれて出すのがよろしい。そうすれば無修正で円満に行きしかも、我々の目的は十分に達せられる」と語った（市会旬報26年6月中旬号）。

この伝統的美風の背景には、行政官僚の民衆操縦の手腕があった。占領初期に町内会などの活動が禁止されたが、大阪市では災害救助のための赤十字奉仕団が結成され、町内会に代わって行政協力活動を行うようになっていた。市会では、日赤奉仕団が公共施設の建設費集めなどに動員されて

高知市
議會ニュース
No. 1

發行人 高知市議會
發行所 高知市議會事務局

發刊の辭

市政へのくさび

議長 中島龍吉

新憲法による地方自治法が實施せられまして以來、民主政治の線に沿つて從來の中央集權的組織が地方分權の制度に移行し、逐次中央のもつ權限が地方に移讓されつゝありますことは、地方發展のため又民主國家としての新しい日本を建設してゆくため、まことに御同慶に堪えません。

御承知の如く私共は武器を捨てて世界的文化國家、平和國家を標榜して立つたのであります。民生、經濟を安定し、教養を高めて國力の涵養をはかり、賠償を完遂して平和條約を獲得することに全力を結集して一日も早く國家として國民として、國際的の地位を取戻さなければならない大きな使命を背負つているのであります。

こうした推移の中にあつて、地方自治體の中核をなす都市行政の動向が地方の完全自立と日本再建とに至大の影響を及ぼすことは申すまでもありません。これを想いまするとき我が高知市が戰震災復舊の促進、住宅問題の解決、教育の振興、警察力の充實强化、自主的財源の獲得、人件費の膨脹に伴う對策、赤字財政の克服等々當面緊要の問題が山積し文字通り多事多難の中に還暦の新年を迎えましたことは、まことに意義深いものがあり、市勢の振興に一段の奮起を痛感するのであります。

市民皆様の市政を預かる地方議會議員としての私どもは、直接行政運營の任にあたる市當局と相共に、市民最大多數の最大幸福をモットーとして本市の特性を十二分に活かした最も良い施策を講じつゝ市勢の振興をはかり、國家目的の完遂に精進をつゞける念願であります。

本市議會が、議會内部の活動を周知願うと共に、市勢の運營に一層の御理解と御協力を仰ぐべく、市制六十周年の新春を機に議會ニュースを發刊することゝ致しました。市民各位と市議會との市政運營のくさびともならば幸甚であります。

今後共皆さんの示教を仰ぎ本ニュースの充實を期してやまない次第であります。

⊙ 議會。議員總會。委員會開催回數

（昭和22年5月――23年12月）

種別 / 月	議會		總會	常任委員會						
	定例會	臨時會		總務	建設	教育	民生	商工	殖産	合計
昭和22年5月		1								
6月	1			1	4	2	2	1	3	13
7月				10	8	12	7	7	8	52
8月	1		1	5	2	5	3	2	3	20
9月			2	2	2	3	1	3	2	13
10月		1		3	6	5	3	1	1	19
11月	1		2	6	8	4	4	1	4	27
12月	1	1	1	7	7	5	2	3	2	26
小計	4	3	6	34	37	36	22	18	23	170
	7									
昭和23年1月			2	3	3	4	1	1		12
2月		1	1	11	5	7	3	1	3	30
3月	1	1	4	4	5	4	5	4	4	26
4月	1		1	3	9	4	4	2	3	25
5月			1	1	3	5	1		1	11
6月	1		2	5	4	4	6	5	3	27
7月		1		3	6	4	6	3	1	23
8月	1		1	7	7	6	3	4	4	31
9月					7	6	4	8	3	28
10月	1		1	5	8	6	6	3	4	32
11月			1	1	7	4	6	8	7	33
12月	1		1	6	7	3	4	1	2	23
小計	6	3	15	49	71	57	49	40	35	301
	9									
合計	10	6	21	83	108	93	71	58	58	471
	16									

（1）　昭和26年11月10日發行　武蔵野市議會報　第一號（毎月十日發行）

武蔵野市議會報

發行所
武蔵野市吉祥寺1644
武蔵野市議會
事務局
電話（武）専用2738番
3636～9番
印刷所
武蔵野市吉祥寺2138
小倉印刷所

市議會報發刊に際して

議長　望月勝三

第十三回全国都市問題会議が仙臺市公会堂に於て開催せられた。その第一議題として対市民活動が上程せられ、専門的な意見の発表があり種々研究討議せられた。

民主政治の下においては地方自治体が市民のためにいかなる施策を行っているかを知ることは、地方自治体の主体である市民の当然の権利である。これを地方自治体の立場からいえば、その行っている市政についてそのいっさいを知らせる義務があるわけである。

議会報活動はこのような見地に立って地方自治体の施策に関し、これを正確且つ完全に市民に周知徹底させることを基本的な任務とする。

この議会報活動は市民の政治経済文化産業に深い関係を持ち、直接その生活に接触する。市町村に於て最も重要視されなければならぬ地方自治体の仕事は非常に複雑多岐にわたっており、しかもその多くが市民の日常生活に直接つながりを持っている地方自治体の施策が、適切であり且つ効果的であれば、その結果は直に市民の生活の上に福利の増進となって現われて来るし、その反対に適切を欠き効果的でないならば、市民にとって不幸な結果をもたらすのである。このように地方自治体と住民との関係は極めて身近かなものであるから、それぞれの地方自治体は何を行っているかを正しく市民に知らせなければならない。そうして、このような在り方が民主政治の要請でもある。

民主主義の政治は世論の政治であり世論は政治についての正しい認識の上につくられる主権者である。

市民は常に政治の実態を知らされることにより、それに基いて自らの考えを決めて行く。選挙は市民がその主権を直接に行使する方式である。市民が選挙という限られた機会だけでなく、絶えず自らの上に反映することに……なる。市民の福祉は益々増進……市民は或る場合……表者を通じて、それが……局者に傳えるであろう……政治の在り方としては……自治体が自発的にその……聞き、それを積極的に……現するように努める……る。かような意味で……の推進機関として、……じて市議会報を発刊し……に配布して、世論の動……握して、これを市政……反映させ、政治の民主……営をはかるのが市議会……る。

も期待せられること、議會運営と市政との直接に於ける關心の度合の反映に於て議員の意識を知ることが議會活動の關係の重要さと議會運営と市民生活に反映され自治體の健全なる発展化に期待大なるものがある。かような意味でこい願くわ市民各位のれ本會報の使命が十分に握して、これを市政に反映させ、政治の民主當をはかるが市議である次第である。

こい願くわ市民各位の……本会報の使命が十分に……れが育成発展に絶大な……望する次第である。

副議長　高橋輝

市議会は民主的な市政の根本であり市民の選良たる議員の活潑且つ公平な活動によって始めて、明朗公正な市政を期待し得るのであります。故に民主政治市議会に於ける議会活動の状況を市民に周知を希う事は、市政の公明なる運営にして、市民の最も期待せられること……市政は臺所に直結す……議会の活動と市民の生……分の関係にあり、議会……その儘市民生活に反映……議会運営が地方自治……関本来の機能であるか……されば市民は議会を……ことは、何を措いても……議員としてそれを大い……のであります。併し……市民は夫々生活業務……は至難であります。……市民の代表として、市……たものであります以上……

いたことが批判されていた。こうした住民活動は、近年まで長きにわたって続き、地域の政治環境をある程度支配してきた。

見方を変えれば、無修正の原案可決という「美風」は多かれ少なかれ、よその議会でも見られた現象である。有権者を覚醒させる議会報の効能は、その政治風土のなかで左右される。民主主義は、内部から成長すべきものだった。

●陳情、請願への対応

議会で扱う請願や陳情の行方は、関係者が大いに気にすることである。大阪市会週報24年2月17日号は、22年と23年に寄せられた学校建築や私学助成などに関する陳情・請願計48件の処理状況を報告した。

高知市議会ニュースは24年6月10日号の「市民の声は聴かれたか?」で22、23両年に提出された保育園や公民館、図書館設置などにかかわる請願24件の処理状況を報告した。次号では請願の約5倍におよぶ106件の陳情に触れた。電動機税創設反対、私立中学校市費補助、小中学校の校舎増築などがあった。

山口県議会月報26年4月号の「25年1―12月県議会で議決された請願陳情処理状況」は、私立学校の助成金については充分に検討する、国民健康保険団体への助成は財政難のため予算化できない、県観光連盟への助成は40万円を議決した、などと260件余の処理を説明した。同様に鹿児島市議会報26年7月15日号の「市民の声はどう処理されたか」は、25年度の陳情のうち学校増築、道路建設、国鉄の新駅建設促進など36件への対応を報じていた。

札幌市議会報25年11月号によると、22年以来の請願は95件、陳情が94件におよんだ。同議会報27年11月号の「市民の声は如何に処理されるか」は、5頁にわたって1年半余に寄せられた百件近い請願、陳情の扱いについて説明していた。同年12月号の「回顧」では、件数の多さについて「市民と議会が直結していることの一端」と自賛した。

紙面に有権者の声を載せる試みもよくみられた。月刊鳥取県議会23年9月号で、県婦人団体協議会長は「県会に望む」として、家計を少しでも楽にしようと懸命な私達の願いが議場に結びついて解決されることです、と語った。

●議会事務局は虚弱であった

地方自治の担い手である議会が議案を審議し、議会報を発行するといった仕事を円滑にすすめるには、議会事務局の機能を充実しなければならない。

東京都議会は24年3月の議会局条例により、事務局を議事部（庶務、経理、議事）法制部（議案、企画）の2部5課とした。1年後、都議会事務局は約百人の職員を擁するにいたった（都議会月報25年3月号「議会事務局法制化の意義」）。大阪市会事務局は24年3月、職員数を45人から57人に増やした（同旬報24年9月上旬号）。

都議会の取組みは他の議会から注目されたが、全国的にみると事務局整備は遅々としていた。その整備は、財源と人材を握る首長のさじ加減に左右されがちであった。

24年6月に高知市で開かれた四国市議会事務局協議会では、議会事務局設置を地方自治法により法定化するよう関係方面に要請すること、当面は設置条例の制定を各市議長に求めること、事務局職員数の目安として人口5万人以下の市は局長含め5人以上、10万人以下7人、15万人以下12人、

15万人以上16人とすることを申し合わせた（高知市議会ニュース24年6月25日号）。

高知市議会ニュース24年9月25日号「各地よりの便り」で取り上げられた川崎市議会の調査報告では、議会事務局の職員数は長崎市が局長以下24人、熊本市は15人、広島市は24人であった。札幌市議会報25年6月号によると、人口15万人の岡山市で局員は17人だが、人口30万人の札幌市は13人にとどまっていた。

一方、地方自治庁は事務局設置への熱意に乏しく、鈴木俊一行政連絡部長は24年11月の都道府県議長会幹事会で「法制化することによって却って機構拡大」の恐れがあると語っていた（北海道議会時報24年12月号）。行政機構の簡素化を優先していたのである。

結局、国会での議員提案のもと、議会事務局の設置は25年5月の地方自治法改正により、都道府県議会の必置となり、市議会は条例で設けることとなった。事務局を置かない市町村議会は書記長と書記を置く、町村は書記長をおかないこともできるとされた。

しかし、各地で事務局設置が直ちに本格化したわけではなかった。執行機関は引っ込み思案であった。議会の重要性を市民に訴える特集号とされた札幌市議会報25年11月号は、議員提案の有無が話題となった座談会を載せていたが、市助役は「これを盛んにするには議会事務局を拡充強化する必要がある」と語るにとどまった。

山口県議会月報26年2月号掲載の「県下市町村議会並びに事務局現況調査」によると、事務局職員数は宇部、岩国、小野田市で7人。下関、防府市が6人。町村は兼任で1人が多い。同月報26年12月号「全国都道府県議会事務局職員定員表」では、職員数の最大は東京都の106人、最低が石川県の18人で、山口県は26人とほぼ中位にあった。

議会事務局の必要性は戦前から認識され、一部の自治体では実際に設置されていた。たとえば横浜市が昭和14年に定めた市会事務局規程は、事務局に書記長、主事、書記などを置き、庶務、議事の2課の構成としていた。議員や関係者に議事録を配布することが役割のひとつだった（横浜市会史第6巻資料編 p.285）。

山口県議会月報25年4月号の「山口県会小史」は、昭和4年11月の県会で可決された事務局設置建議が実現にいたらなかった経緯を述べている。議長から知事に出され建議案には「全国道府県会議長の決議に基き……県会事務局を設置し常設県書記を常置するの緊要なるを認め経費の計上を要請する所ありたるも、未だ之が発案を見るに至らざるは遺憾とする所なり。之に関する追加更生予算案を速に提出されんことを要望す」とあった。この時期に、道府県会議長の組織が設置を要請していたのである。

●議会費の少なさ

議会の財源のありようも注目された。24年5月の全国都道府県議長会では、議会に属する予算の執行権の独立化などに関して地方自治法改正を求める議案が採択された（鳥取県議会月報24年5月号）。この問題は、26年1月の全国市議会議長会臨時総会でも取り上げられた（札幌市議会報26年2月号）。

都議会月報27年6月号および山口県議会月報同年10月号の「27年度都道府県議会費」によると、各都道府県の予算総額に対する議会費の比率は、最高でも1％弱であった。すなわち、最高の奈良県が0・93％であって、最低の東京都は0・25％（絶対額は最高で1億3200万余円）であり、全国平均が0・51％であった。奈良県に次ぐ高位は鳥取県0・91％で、これに滋賀県、熊本県、兵庫県、大阪府などが続いた。住民一人当たり議会費は、最高が鳥取県51円、最低は千葉県13円で、全国平均は23円であった。議会財源の多寡は、議会報発行などにも影響を与えた。

●アメリカ地方議会への注目

初期の議会はともすれば、執行部の協讃機関にすぎないと批判された。議会が立法者として自ら議案を起草し、提出された議案の審議を行うには、一定の知識が必要とされる。そのために、占領国であるアメリカの地方議会との比較から、議会独自の政策決定を補助する機関の設置が望まれていた。

アメリカでは、明確な権力分立制度のもと州議会が立法調査委員会を設けて、議案の起草や州政府予算の調査分析、調査報告書の作成などをサポートする例があった。鹿児島市議会報24年2月号の「地方議会と新設されるべき専門職員の内容」は、アメリカ州議会での法案起草や調査活動を行う専門職員制度に着目している。

都議会月報24年11月号は、参議院地方行政委員会専門調査室編「地方議会と立法の補助機関」を紹介した。これは「議会に対する批判は協讃機関に止る傾向の強いことは、議会が事実関係を明らかにし政策決定に独自の判断を下すについて補助機関に欠くるところあるも一つの原因と見得る」と述べ、補助機関の具体例として都議会事務局をあげていた。

さらに同論文は、政府の地方自治法改正案に議会定例会を年6回から4回に減らす案が出ていたことに関連して、それによって審議のための補助機関の拡張がいっそう必要になると指摘した。定例会の削減は約3年後に現実化するが、政策立案能力の弱い議会は為すすべがなかったのである。こうしたコメントは、地方自治庁の議会軽視の姿勢を暗に批判するものであった。

高知市議会ニュース25年1月25日号「議会事務局は資料の提供に重点を置け」は、議会が執行部提案について独自に判断するためには、議会が独自にその資料を収集すべきだと提起した。議会に提供される資料は、首長提出議案の説明に有利なものばかりに集中されて、執行機関の一方的な意向が議会にもちこまれがちだった。地方自治法を改正して、議会に専門職員制度を設けることができるよう明文化すべきだというものであった。

このように議会と執行機関が厳格に分立したアメリカの事情がしきりに引用されたが、国内での専門職員の充実は進まなかった。世間で地方議員の定数削減の是非が論じられていた26年1月下旬の全国市議会議長会臨時総会は、定数削減に対して「事務局の専門職員の充実を見ない現状において絶対反対」と表明した（札幌市議会報26年2月号）。地方議会は、冷淡な地方自治庁と他人行儀の自治体執行部の谷間で苦闘していたのである。

●議会の予算増額修正権は軽視された

議会の大きな関心事は、予算増額修正権にかかわるものであった。議会が二元代表制の脇役、つまり執行部の追認機関として甘んじていたわけではなかった。

かつての議会は、予算編成を含めて一定の裁量権を発揮していた。昭和4年の地方制度改正は、地方議員の議案提出権を認め、首長の原案執行権に制約を加えていた（中川剛「地方自治制度史」p.161—）。議会が予算を増額修正できるかどうか明確ではなかったが、首長の発案権を侵害しない範囲での増額修正が慣例化していた。この修正権は昭和18年の改正で全面的に禁止されたが、昭和21年の第1次地方制度改革により、ほんの一時期だけ復活していた。

しかし、22年12月の地方自治法改正は、議会の予算増額修正について首長の予算提出権限を侵さない範囲と明確化した。これは、第1次地方制度改革のとき総司令部の反対で法文に規定しなかったものを明文化したのである（都議会事務局、高木鉦作・大森彌「首長制度と地方議会」p.51）。地方議員にとって、この経緯はかつての議会の自由度をうかがわせるものであった。

都議会月報24年5月号で、都議会企画課長が「地方議会に於ける予算の増額修正の限界について」と題して、次のように述べている。「昭和21年10月の地方制度改正の際、禁止規定が削除され、18年改正以前と同様、解釈上増額修正が可能とされた。その理由の第一は予算の発案権を首長に専属させて……議会にかような判断、見通しがつかぬと断定して増額修正権を否定するのは執行機関の独善的見解であるということ、第二に減額する権限が認められている以上、増額する権限も容認されるべきこと、第三に増額修正が許される結果、実際に即応した生きた予算となる訳であること等である」。

各地の市議会事務局長らの会合では、議会の予算案修正が市長の権限を侵すとは具体的に何を指すのかといった議論が繰り返された。ささやかな増額修正であっても、議会報では大げさに報じられた。月刊鳥取県議会23年8月号には「追加予算、嵐を呼ぶ」と見出しが躍った。同年5月の定例会に7千341万余円の追加予算が提出されたが、紛糾の末、465万8千余円の増額修正が加えられた。

議員による発案はどの程度だったのであろう。高知市議会ニュース26年4月30日「第1期議会4カ年の回顧」によると、22年5月から26年4月までの間に市長提出議案が計768件だったのに対し、議会提出議案は計129件であったが、その詳細は不明である。

●常任委員会の事前審査は制約された

いずれの議会報も、常任委員会の動きをくわしく伝えている。地方自治法により導入された常任委員会は、議会閉会中でも首長や議員側からの提案議案の審議や請願・陳情の審査などを行った。常任委員会委員長が討論採択の結果を本会議に報告して、本会議はこの討論後に採択を行うこととされた。

しかし、初期の議会では、予算の執行など純然たる執行機関の権限をも、事前審査の対象としているところがあった。これに関して鈴木俊一総務庁自治課長が警告を発した。鈴木は、次の会期に提案予定の条例案、予算案などの大綱について事前審査の名の下に常任委員会が審査している事例に対して、「健全な議会運営の軌道とはいい難い」と述べ、また「予算に計上された経費の支出について、かさねて委員会への協議を要求することは行き過ぎ」で、「常任委員会が英国式の執行委員会と異なり単なる議会の審査委員会である以上、容認し難いところであり、かくの如き慣行は執行機関の責任を不明確ならしめ、執行の能率と公正を阻害すると思われる」と非難した（高知市議会ニュース24年1月15日号。同月発行の「地方議会」『地方議会の運営について』より転載）。

ここでいう英国式の執行委員会は、当時の英国のシステムで、地方議会の各委員会が執行機関となる議会統治型であった。議会と執行機関がともに公選される日本とは大きく異なっていた。この警告は、中央官僚による議会運営への関与であった。常任委員会の活動を抑えようという態度は、議会に対する執行部の優位性を強めるものでもあった。

高知市議会ニュース24年3月5日号に載った「市議会観」は、「予算その他諸議案は常任委員会で審議し、それを本会議に付議し形式的質問応答を行い可決するといった単調なイージーゴーイングの議会が繰り返されている。これで市民の希望及び議員の抱負意見が十分市政に反映されつつあるだろうか」と不満を投げかけていた。

やがて、常任委員会のあり方に変化も現れてきた。高知市議会ニュース24年7月30日号「各地よりの便り」によると、京都市議会が常任委員会改組要綱を定め、市会提出議案の原案に対する常任委員会の事前審査は行わないこと、予算に関連ある議案は予算委員会に付託することとした。

討議の仕方にも、工夫がなされるようになった。国会に新しく採用された自由討議の制度は地方自治法には根拠がなかったが、高知市議会は26年10月23日に、議員の隔意ない意見交換と議会のスムーズな運営をはかるため、議員協議会を誕生させた。毎月上旬に議会の関係事項について自由討議をする、議員の過半数の出席を必要とせず、原則として裁決を行わないというものであった（高知市議会ニュース26年11月10日号）。また、鹿児島市議会は27年1月に予算編成などをテーマに自由討議を行い、25年度計上した土木費で3割以上の不用額を出した経緯や警察費をめぐって論戦を交わした（鹿児島市議会報27年3月15日号）。自由討議は、議会の意思表明に直接つながらなかったが、議員の意思発表の場になり、首長主体の議会運営に歯止めをかけることにもなった。

●議会主導の公聴会

一方で、議会は議場外の有権者との交流にさほど積極的ではなかった。常任委員会が地方自治法によって開く公聴会は、議会審議への住民参加の仕組みであるが、その実践ははかばかしくなかった。公聴会は予算その他重要な議案、陳情などについて利害関係者や学識経験者らから意見を聞く場であるが、その実例は少なかった。自治体執行部が法律に基づかない一般的な公聴会を開いていたこともあって、議会の公聴会への理解が浸透していなかったのである。

高知市議会ニュース24年4月10日号の「公聴会振るわず」によると、高松市議会建設委員会の都市計画に関する公聴会は参加者が約１００人、同博覧会運営委員会の公聴会は27人にすぎなかった。

高知市議会初の公聴会は、24年7月5日に「公立高校再編問題」をめぐって開かれ、教育常任委員会が指名した10人と公募の１人、計11人の公述人が再編原案について賛否や代案を述べた。傍聴者は３００人を超し盛況だったという（同市議会ニュース24年7月15日号）。

4　問われる地方行政制度

●自治の逆コース

地方議会の前途に、暗雲が垂れ込めてきた。地方自治庁が財政危機を背景に、地方自治法を改正して、議員定数の削減や定例会の縮小などを検討しているのである。占領下で曲がりなりにも地味をたくわえてきた議会が、希望を失いかねない状況を迎えた。

高知市議会ニュース26年11月10日号の「あとがき」は、「鳴りもの入りで民主革命の線を濃く打出してきた6年の実績は、魂の抜けがらに過ぎなかったのだろうか。民主主義的な諸制度を飽くまで守り抜く努力がなされなければならない。デモクラシーとは時間と手間がかかるといわれているが、急がば廻れであり念には念を入れよと心得たい」と訴えていた。

北海道議会時報27年2月号によると、1月22日の都道府県議長会幹事会で地方自治庁の鈴木俊一次長が、行政の簡素化を狙った地方自治法改正草案について説明した。鈴木は、戦後の地方行政制度について「民主化ということを絶対の要件としたために、合理性の点からも能率の点からも問題があったという反省に基づいて」修正する必要があると述べ、第二の制度改革に意欲をみせた。地方議会の定例会開催を減らし、議員定数の縮減を図るといった簡素化により、行政諸経費は相当に節約されると語った。これは、民主化に代えてコスト削減を優先するものであった。

サンフランシスコ講和条約締結翌年の27年9月施行の地方自治法改正は、自治体運営の簡素化と能率化によって経費を節約することをねらい、東京都特別区長の公選制を廃止して区議会が都知事の同意を得て選任すること、市町村合併を促進すること、都道府県議会の定数を条例で減少できることなどを明文化した。

毎年6回以上開かれてきた定例会は開会を年4回に制限され、臨時会で補うこととなった。これにともなって、多くの議会報は発行回数を減らした。24年8月以来ほぼ月刊だった鹿児島市議会報は27年11月第31号の編集後記で、年4回の季刊とすることを告げた。

地方自治の逆コースはさらにすすめられ、31年の地方自治法改正によって、一部自治体の議会は政務調査研究の資金源を失うこととなった。つまり、議会は“兵糧攻め”の状況に追い込まれたのである。

●わがかたちに似たるもの

講和条約の締結があった26年9月にアメリカの行政学者ジョージ・A・ワープが、日本の地方行政団体の招待で来日した。すでに〝逆コース〟の序盤に入った時期であった。

半年間の国内見聞の後、ワープは27年11月、サン・アントニオ市で「わがかたちに似たるもの」(都市問題28年8月号）と題して講演した。彼は、アメリカをはじめとする先進国の状況を踏まえて、地方自治のかたちが程度の差はあれ、それぞれ時代とともに変遷するであろうことをおぼろげに示唆している。ワープは、次のように述べた。

占領政策のもと、「われわれは日本国憲法の中に、地方公共団体の行政執行の長は直接公選でなければならないという規定を書き入れた。その際、われわれは、アメリカ合衆国における傾向が明らかに地方の執行機関を公選することをやめて、日本の旧制度と似た選任の方向に向いている事実を無視した」。

日本の地方行政は「アメリカ型―とくに一時代前の型―に似通っている。その理由は、占領軍当局者が通暁していた型が一時代前の型であったかららしい」。総司令部民政局で地方行政に関与した弁護士や実業家、職業軍人らの助言者は、地方行政の経験がなかった。当時のアメリカの実態は、市長・議会制に代わって、シティ・マネジャー制（議会・マネジャー、議会・支配人制ともいう）のタイプが増えつつあったのである。

「われわれは、民主的制度が適切に働くのに必要な態度を等閑視した。おそらく、われわれが今日いまだ学びとっていない教訓、それは、民主主義は内部から成長しなければならないものであり、それを奨励することはできるかも知れないが、外部から強制することはできないということである」。この結びは、占領者にとっての教訓として述べられたのだが、むしろ日本国民が反芻すべき言葉であった。

ワープは、日本側に報告書「日本の地方行政に関する若干の考察」（都市問題27年10月号）を提出していた。それによると、自治体執行部は「普通の行政事務について議会の委員会がいわゆる余計な干渉をするのに対し批判的であり」、「議会事務局のぼう大なことに対し批判的であり、事務局の規模と職員の活動になんらかの制限を設けなければならないと感じております」。ワープは、民主政治の初歩の時代にある議会を抑制すべきではないとみていた。

アメリカの制度について、札幌市議会報27年8月号は、日本と類似の市長・議会型のほか、数人の委員会が議決機関と執行機関を兼ねる委員会型、議会・支配人型の特性を列挙したうえ、合衆国政府および州と自治体の間に権力関係はみられないと述べていた。

●画一化、均一化の呪縛

ワープは、中央政府による地方制度の画一化についても懸念していた。「地方自治庁の役人の考え方にしみわっているように思われる『画一性』への情熱は困ったものであります。画一性というのは地方自治の正反対であります。すなわち、地方自治は行政事務を自由に選択する意味をもっております」。つまり、行政組織を自由に選べることを重くみていた。地方行政を全国画一化することは、戦前から中央官僚の習い性であった。

この懸念は、沖縄の本土復帰の時に現実のものとなった。かつては、琉球政府立法院議会が立法院事務局をもち、議員数32人に対し事務局職員定数は１２２人であった。アメリカ流の厳格な権力分立制度のもと、議員に立法案や予算案の提出権が専属していた。しかし、昭和47年5月の復帰後に、沖縄県は地方自治法に依拠する二元代表制となった。議員定数44人に対し事務局職員定数は47人と以前の半数以下となり、議員たちは執行部の追認機関といわれる状況に陥った（当時の沖縄の議会事情については黒柳保則が沖縄法学２０１５年44号「日本復帰と二つの『議会』―権力移行期における琉球政府立法院と沖縄県議会」で詳述している。自治総研ブックス⑬「市民自治講座後編」広瀬克哉『自治体議員・議員の仕事』で紹介）。

沖縄に芽生えていた可能性をつむんでしまった全国画一化という呪縛は、本土各地で自治への挑戦の機会を奪ってきたのである。

5　議会再生の手がかり

●戦後改革と議会の弱体化

戦後の起伏に富んだ時期の議会報は、議会が中心になって施策の推進をさぐった歴史の断面を物語っている。地方自治の強化に向けたさまざまな営みにもかかわらず、議員活動を支える議会事務局は職員が少なく、その財源は乏しかった。議会の予算増額修正権が軽視され、常任委員会の事前審査の活動は制約されがちであった。首長自体も、少なからず議会の権限拡充に消極的であった。結果として、議会は執行部の単なる協賛機関ではないかという自問が繰り返されたのである。

各地の議会はこうした問題提起を大合唱してきたが、それだけではなく、逆コースの追い打ちを受けて、議会の存在感は弱められることになった。初期に躍動した議会が自主性を欠くにいたる要因のひとつは、まさに戦後改革の不徹底にあったのである。

さらに、行政機能の拡大が議会活動の領域を狭め、議会の政策提案活動は停滞していた。すでに議会の定例会開催は減っていた。昭和30年代なかばから、自治体執行機関は総合計画や基本計画を策定し、それに基づいて予算を組むようになり、議会は政策決定過程から遠ざけられる傾向が生じていた（前掲、高木鉦作・大森彌）。

●二つの情報媒体

議会は権限と財源、補助スタッフといった政治資源の乏しさもあって、自らの発信力を弱める一方で、執行機関側の広報活動は影響力を強めてきた。二元体制下の二つの情報媒体は、地域民主主義と併存できるのであろうか。

武蔵野市議会報40年10月の１００号記念特集号で、佐藤竺成蹊大助教授（当時）は行政広報紙について「政治的色彩をとりのぞくことが理想だとする謬見がひろくみられ」、その結果「おしらせ的なものだけに堕するか、味もそっけもない無味乾燥な記事の羅列におわることになりがちで」「とかく臭いものにふたをする傾向が強かった」と述べた。一方、審議を通じて争点を明らかにする議会報については「議会と市民をつなぐ有力なパイプとして、太く逞しく成長させられなければならない」

と力説した。議会報や行政広報紙は決定した政策を周知させるものであり、この過程を反復して市民との間に血の通った関係を生みだすことが望ましいと主張した。

こうして、政治的な表現の自由を支える政治風土が培われ、地域民主主義を深めることになる。行政広報紙はともすれば従順な有権者を育てがちなのに対し、議会報は政治的に敏感な有権者の増殖に奉仕するものである。

行政学者の井出嘉憲は42年の著書で、行政広報が普及した条件として、地方新聞の発言権が小さく、行政広報と新聞の間に摩擦が小さかったこと、自治体の権力構造内で議会や政党の発言権が弱く、行政広報の採用に対する政治的抵抗が少なかったことなどをあげている（『行政広報論』p.148）。この時期には、行政広報紙は主要な市町村で発行されていた。

それから約十年後に旧内務官僚の鈴木俊一は「議会が執行機関と別箇に広報活動を行うことは、都道府県大都市等相当大規模の自治体について考えられることである。単独で『議会だより』を全戸に配布する如きは理想ではあるが、すべてに望むことは無理である。単独の広報紙の発行、執行機関側の広報紙の活用、一般の新聞紙、ラジオ、テレビ等の活用策を講じるべきである」（『鈴木俊一著作集第2巻」p.604 昭和53年10月「地方自治」371号「府県会規則発布百年に当って地方議会制度について考える」）とみていた。

地方行政制度のグランドデザインに関与した鈴木、行政広報の枠組みづくりに影響を与えた井出の二人はともに、議会によって培われる政治風土の大切さを省みようとはしなかった。

一般論として、執行機関の広報紙と比べ、議会報の方がどこにどういう問題があるかが分かりやすいのは事実である。議会報は、行政を監視し、地域の多様な意見・論点を明らかにするなど行政広報紙にはできない役割を果たしている。また、地方議会は、国政参加の一環として、住民の意見や要望を意見書にまとめ国会や政府に提出しており、首長が及び腰の課題にも大胆に取り組んでいる。

しかし、住民へ議会活動を知らせるべき議会報は、その発行がおおむね定例会終了から1か月以上遅れており、双方向性の言論空間としてはひどくタイミングを失っている。こうした議会報は、住民の政治的反応を覚醒させるよりも、むしろ鈍化させ、錆びつかせかねない。コミュニケーションの敏速さと濃密さが、政治に関心を深める公衆をつくり出すのである。

地方議会は、議会報が人材と財源で圧倒的な行政広報紙の不足分を補い、相応の影響力をもつメディアとなりうる可能性を秘めていることに気づくべきである。

●選良意識の打破

行政主導の広報広聴活動がひろがる一方、議会による公聴会開催は減少し、議会への住民参加の仕組みを活かす機会が少なくなっていた。それどころか、議員こそが住民自治の代表であるとする選良意識のゆえに、議会はともすれば、住民投票制度に消極的であった。

エリート意識を鼻にかけがちな議員たちに対して、有権者たちは自らの目線から問題提起をしている。神奈川県相模原市の市民団体「相模原市議会をよくする会」は平成11年から議会傍聴をはじめ、手づくりの議会報ともいうべき広報紙 The Gallery を発行している。同会は、議会運営委員会や全員協議会の公開、政務調査費収支報告書の閲覧などの実現をはかってきた。政策提案能力などを問う「議員の通信簿」という同会の議員評価方式は、各地の議会ウオッチング運動で実践されるようになった。

議会は住民参加型の自治体広報紙に対しても、その廃刊を促すなど冷ややかな対応をとりがちであった。たとえば、埼玉県嵐山町では、旧菅谷村だった昭和25年以来、住民の編集委員会が広報紙「報道」を編集していたが、町議会が非協力の態度を続けたため平成9年に廃刊に追い込まれた。その後、町議会は議会改革の一環として議会活動への住民参加を呼びかけたが、住民の反応はいまひとつであった。近年では、愛知県犬山市議会がＮＰＯ団体への「広報いぬやま」の編集委託に強く反対し、委託業務が廃止されている。

これらの参加型広報紙は、さまざまな地域課題をめぐって、議会と執行機関および住民との間に緊張関係をつくり出し、市民参加の機会をひろげる役割を果たしていたのである。

議員が選良意識を捨てるならば、住民の自覚が高まって、政治指導者によって上から与えられるものに代わる自治の実現をめざすであろう。選挙権年齢の引き下げとともに、将来の社会を背負う若者たちへ訴求し、自治への関心を高めていけば、いずれ住民自治の進展にもつながる。

●政治資源の均等化へ

議会は自ら資料を分析して政策を形成する能力がなければ形骸化するし、自ら決定した政策を住民に理解してもらう手段と能力に欠けていれば、能力のある官僚機構の下風に立たざるをえなくなる。

昭和31年地方自治法改正によって議員への調査研究費の支給が不可能になったとき、各地で混乱が目撃された。北海道議会時報31年1月号の「地方行政疑義問答集」は、県議会会派を通じて議員1人当たり月1万円の調査研究旅費が支給できなくなった鹿児島県の事例を紹介していた（国会図書館、調査と情報608号「政務調査費制度の概要と近年の動向」p.1-2、および加藤幸雄「新・市町村議会の常識」p.74）。

やがて、議員個人ではなく会派に対する調査交付金が地方自治法の補助交付規定で支給されることになった。しかし、会派への補助が首長の裁量対象となることから、首長と会派との関係では対等ではないことへの反発が強まった。都道府県、市、町村議長会の全国的の運動を経て、平成12年の改正で政務調査費制度が導入され、さらに同24年改正で政務活動費となった。これによって、政務調査・政務活動費に関して議会と首長は対等関係となり、大きな変化がもたらされた。

しかし、こうした変化がどれほど議員の政策立案能力を高めたかは明白ではない。平成27年4月11日に毎日新聞が報じた全国地方議会アンケート調査（議会の89％、1千788議会が回答）によると、平成23年から4年間で50％の議会は執行機関の提案に否決も修正もしなかった。否決・修正案提案の議会は全体の15％だった。

会派や議員の政務活動費は増大しているが、その使途をめぐって私的流用、公私混同などが近年ひっきりなしに問われ、辞職と選挙が繰り返されている。これは、議会自体が〝タコツボ文化〟に陥って、リスクやチャンスを見逃していることを物語っている。

議会監視団体やジャーナリズムの視線は、議会制民主主義の条件整備を促している。議会事務局による議員への補助機能は依然として弱い。政治資源のうち、財源では部分的に対等性が実現したが、人材は未解決である。財源と人材を議会事務局の拡充、議会報発行頻度の増加、その紙面の充実などに向ける動きは見られない。こうした対応が現実のものとなって、初めて議会も有権者もよりよい判断をすることになるだろう。

かつての議会の活躍は、けっして占領下のあだ花ではなかった。そこには、議員たちが苦心惨憺して築いた黄金の宝庫が埋もれている。再生の道は、ひとりでに目の前に現れるわけではない。地方議会は議会基本条例の制定に甘んじることなく、条例に込められた精神を血肉とした文化をつくりあげなければならない。地域民主主義にかかわる議会の歩みは、終わりのない旅である。

第二部

地方議会改革の幕開け

1　はじめに

地方議会は、大きな転換点を迎えた。長年にわたり二元代表制の脇役にあったという負の遺産を凌駕して、地方自治の主役の場に躍り出てきたのである。

負の遺産とは、戦後初期の地方議会の軌跡に色濃く表れている。それは、後退、つまずき、屈服の足取りであった。その軌跡を素描した「終わりのない旅、議会制民主主義の道―戦後初期の地方議会報を振り返って」（地方自治総合研究所・自治総研2017年3月号）は、第一部におさめた。議会の全体像に及ぶものではないが、そこに立ち現れた課題を列挙してみたい。

●議会改革を促す主要な要因

約言すると、これらの課題が巨視的にみて、今日の議会改革を促す主要な要因、あるいは動機といえるかもしれない。

・初期の地方議会はともすれば、執行部の協賛機関にすぎないと批判された。議会は政策を考えて実現するのではなく、首長提案に賛否を表明するだけの追認機関としての役割に甘んじがちであった。

・首長優位の政治システムの中にあって、議会の権限を高めるため、アメリカの地方行政にある、数人の委員会が議決機関と執行機関を兼ねる委員会型や議会・支配人型（シティ・マネジャー制）などの導入を模索する動きがあった。

・議会の大きな関心事は、予算増額修正にかかわるものであった。戦前と戦後の一時期に、首長の発案権を侵害しない範囲で議員の議案提出権が認められていた。

・戦前から地方行政制度を画一化することが、中央官僚の習い性だった。それは、戦後の議会運営にも影を落としていた。

・中央官僚は、民主化の推進よりもコスト削減、合理化を優先し、定例会開催を年４回に制限した。

・議員の政策立案の一助となる調査研究費には、大きな制約が加えられた。

・中央官僚も自治体首長も、議会権限の縮小にいそしみ、議会事務局の機能強化に背を向けてきた。
・議会は住民との対話に消極的であった。議会が公聴会を開くことは少なかった。したがって議会は、人びとを地域課題により敏感にする触媒の機能を果たすことができなかった。
・有権者は、請願・陳情や議会の傍聴をする役割にとどまり、有権者の参加に消極的であった。

●議会改革への熱意

そうであれ今日、長い暗い夜を経て、変革を求める人心が芽生えてきた。各地の地方議員が、議会事務局スタッフや研究者らとともに主導的に歴史を創造する主体として登場してきた。地方議員の間に脈打つ議会改革の熱意は、疾風となって全国を制覇しつつある。新しい自治の姿を求める心が、ようやく多くの人びとの胸に萌してきたのであろうか。

歴史が創造と破壊を繰り返して飛躍するように、議会改革は自治のかたちを変革させ、既存の政治システムの大きな岩盤を変質させようとしている。

惨憺たる敗北にまみれてきた地方議会が、不死鳥のごとく蘇ってきた道筋をたどってみたい。

世紀の変わり目に、地方分権改革にともなって、地方議会の活性化と議会機能の強化をねらった制度改革が進展した。そのフロンティアはおおざっぱにいうと、議会基本条例の制定によって拓かれた。各地の議会基本条例は、議会機能や議員能力を強め、住民参加を深めようという点で共通しているかのようである。

2　草莽の決起

●北海道栗山町議会基本条例

この背景をなす議会基本条例は、２００６（平成18）年の北海道栗山町議会基本条例を嚆矢とする。多くの議員たちが先駆的議会を視察、交流し、改革の波を広げていった。地方議会は、相呼応して行動し、まったく新たな政治文化を興すことに情熱を傾けはじめたのである。その動きは、いわば草むらの中からの決起、草莽の決起である。

●住民との対話を深める議会報告会

議会改革は、議会報告会での市民の声をもとに政策を練り上げることから始まる。かつての議会は有権者とコミュニケーションを深める姿勢が弱く、議会主導の公聴会開催など対話の場をもつことに、おおむね消極的であった。

それが、一転して住民との対話を深める議会報告会を積極的に開くようになった。議会は古い上着を脱ぎ棄てて、住民とともに自治意識を深めようというのである。

住民は、議会報告会や議会報を通して議員からメッセージを聞き、地域課題を熟知して、その対応を求める。町の中に出来上がった人だかりは草の根レベルの「語らい」の場であり、地域自治に無関心な人びとを引き寄せる。

いまや議会報告会は意見交換会、タウン・ミーティングとも呼ばれ、議会による新たな統治システムの道具として浮上してきた。そこでは、人びとが共同で政治的決定に参加し、下から権力をデザインする可能性もありそうだ。議会も住民も、長年の眠りから覚めたように新しい動きをみせはじめた。

3　歴史の分岐点

このパラダイムシフトは全国一律の現象となっているわけではないが、今次の議会改革はある意味で、行政学者の神原勝が喝破したように「戦後自治史を画する営み」（ガバナンス２０１７年5月号）であり、自治を飛躍的に発展させる営みであった。極論すれば、社会を変えてしまいそうな斬新な出来事である。

社会変革というものは、人びとの支持なしには成し遂げられない。地方選挙での投票率の低下と無投票選挙の増加は、議会制民主主義への幻滅感を示している。統一地方選の平均投票率は近年、5割を下回るところが圧倒的に多い。過半数の有権者が民意を示さない状態で、大量の地方議員が選出されて、住民と地方自治の断絶が明白になっていた。議会には、住民の議会活動への参加という視点が欠落しがちであった。

●機関委任事務の廃止

地方議員の決起の背景には、こうした代議制民主主義への危機感がある。歴史的な分岐点は、機関委任事務が1999年地方分権一括法による地方自治法改正によって2000年4月に廃止され、それに続く税財源の地方移譲を経て、地方議会の自由度が大きく拡大したことにあった。そのことが、改革熱に点火したといえそうである。

市民生活の質整備をめざす政策を展開するには、機関委任事務にかかわる通達・補助金、許認可・行政指導といった仕組みを崩壊させ、地域の実情に応じた政策立案が大事になる。かつて議会は機関委任事務にかかわる権限をもたなかったが、全てに議会が関与できることとなった。

かくして、地方議会は中央集権的、画一的な自治の形態に代わる新しい自治のかたちを模索する時代を迎え、二元代表制のいくつかの難関を拓くことになった。それは、ダイナミックに新たな次元を開くプロジェクトである。

4　住民との対話

これまでの議会はともすれば、住民と積極的にかかわる視点に欠け、選挙が終われば、統治機構の一部として住民に君臨しがちであった。住民はおおむね、傍聴や陳情・請願をする立場に甘んじてきた。議会は市民参加に消極的であり、情報を市民と共有しようという動きは少なかった。首長から提出される案に対し、ただ賛否の意志を示しているだけでは、議会は市民からの信頼が得られない。

●議会基本条例の制定

それに対して、議会基本条例の制定を経て状況は変わりつつある。議会は、住民参画を拡充し、議論を通して政策提言を取りまとめ、地域の実情に合った独自政策を作り上げ、行政を変えていこうとする。形式に流れる議会報告会については議員個々の後援者ばかりの集まりになっているという見方もあるが、その運用によっては住民の政治的関心を高め、その反応を起点として、行政にインパクトを与えうるのである。

まず、議会基本条例制定への動きが高まり、一概にはいえないものの、通年制議会が少しずつ増え、政策提案もやや増えてきた。議会は政策立案の複線化の一翼を担い、首長と切磋琢磨する。議会報告会などを通して政治的に覚醒した住民の声をもとに政策を練り上げることは、まさに草の根の民主主義である。そのためには、住民が受動的ではなく積極的に活動する自由度の高まりが前提となりそうである。

5　予算編成権への挑戦

首長優位の二元代表制のもとで、かつて議会は予算を伴う政策条例を提案できないという理解があった。その批判は、戦後初期の議会でも繰り返されたことだ。今日では議会が、必要な予算見積もりを執行機関側に知らせて、政策条例案を可決すれば、執行機関が予算措置をすべきであり、措置なければ、予算決定権のある議会が予算修正するという理解に変わりつつある。こうして議会はある程度、予算編成権を獲得するにいたったのである。

自治体執行部は長い間、総合計画や計画構想づくりを外部のコンサルタントやシンクタンクに依存し、住民参加の手続きを経て策定することに積極的ではなかった。また、議会で政策を議論しても、自治体の総合計画や年度予算に連携させる仕組みがないと、議会の政策活動は首長への要望にとどまる。議会は、住民の意見を政策提案にまとめ、総合計画や年度予算につなげていくことになる。

●議会からの政策提案・執行部提案への修正

議会から政策提案や執行部提案への修正が出てくると、ともすれば執行機関は行政側の案に触れられたくないという気持ちから、権限を議会や住民に渡すという政治的リスクを避けようと考える。この意識は、中央集権と結びついた機関委任事務体制のもとで、議会はとかく脇役に置かれたことの名残といえそうである。

一方、議会が住民の意向を予算編成に組み込んでいくにつれ、住民は政策課題の設定や優先順位の決定に引き込まれるようになる。改革は、伝統的な代表制民主制度を超えて住民に対して参加とコントロールの機会をもたらした。こうして、地域課題の処理に関与する自由を得た住民の間に、オピニオン・リーダーが現れ、多少とも公共精神が醸成されるのである。

●会津若松市議会の政策サイクル

改革を先導する一人である目黒章三郎会津若松市議会議長は、2017年11月姫路市で開かれた全国市議会議長会研究フォーラムで、「議会基本条例に①請願・陳情者の意見陳述の確保、②議員間討議の導入、③タウン・ミーティング時の市民の声を政策化する仕組みづくりの条文が入っていなければ、偽物である」と述べた。会津若松市議会の政策サイクルとは、議会報告会での市民の声をもとに政策を練り上げることから始まる。

議会報告会や住民との意見交換会といった議会運営が、政策提案や参加型予算を生み出し、議会主導型の自治体行政へと近づく。そのプロセスは、二元代表制の相対的比重を逆転させる可能性はらんでいる。

6　議会報の役割

戦後初期と比べ、議会報に占める住民との対話スペースが圧倒的に増え、住民の声が紙面にあふれるようになった。議会報は、何が地域課題であるかをわかりやすく発信し、住民へ討議のための材料を提起している。

●北海道芽室町議会の「議会だより」

議会報の発行は年間5、6回というのが大勢だが、通年性議会の普及とともに通年発行も見られるようになった。たとえば、北海道芽室町議会は2000年に創刊した月刊「まめ通信」と3か月ごとの「議会だより」を2013年に一本化して「議会だより」を毎月発行している。議会選挙の低投票率に歯止めをかけるには、議会報の充実が大切であるという認識からであった。

それだけでなく、議会モニター制度を取り入れるとともに、議会の活性化などについて提言を行う議会改革諮問会議を設けた。それらの会議内容は、議会だよりに載り、住民の関心を引き寄せ、住民の目覚めを促すのである。

「議会だより」が伝えるのは、政策・制度にかかわる政策情報であって、執行部の発する広報情報とは情報の性格が異なる。自治体はともすれば、善政の「お知らせ」としての広報情報の提供にとどまる。自治体計画から個別施策まで、政策決定前を含む情報の公開は、市民自治の起点となる。自治体が直面する多様な課題は、争点として議会報に載る。議会情報があって、有権者は政治的決定に参画できるようになる。

各地の議会基本条例には、市民が議員とともに課題を考えて政策をつくる政策サポーターや議会報モニター制度などを定める事例が増えている。議会は、議会モニターを活用し、議会報の中で討論の題材を住民と共有していく。請願・陳情もまた住民の政策提案である。

こうして、住民の議会参加の範囲が広がるにつれ、議会報の役割が様変わりせざるをえない。そこでは、地域課題が語り直され、具体的な政策へと変容する。

●議場で有権者の意見、提案を述べる機会

議会報は、読まれなければ価値がない。紙面の質を豊かにするには、外部の声が欠かせない。その点で、サポーターやモニターを置かない議会は、議会報の価値を高めるチャンスをある意味で放棄し、住民の政治的関心を培養することに失敗しているのである。愛知県犬山市議会はじめ、いくつかの議会が議場で有権者の意見、提案を述べる機会を設けている。これもサポーター、モニターと同じような効果をもっているといえよう。

7　先駆・居眠り・寝たきり議会

議会基本条例の制定は、全国自治体の半数前後に及ぶが、改革の意欲が広く共有されているわけではない。２０１６年11月に開かれた北海道自治体学会議の議会活性化シンポジウムでは、「先駆・居眠り・寝たきり議会の割合が１：２：７である」という報告があった。

先駆議会は、議会基本条例を制定し、政策づくりや議員間討議の仕組みを進め、行政との政策競争を行う議会であって、二元代表制が機能しているとみることができる。議会活動への住民参加もある程度進められている。

●居眠り議会

一方、居眠り議会は、議会基本条例をもつが、政策づくりや議員間討議の合意ができないため、政策づくりを行政に依存している。いわば、仏作って魂入れず、である。寝たきり議会は、基本条例を制定せず、政策づくりも議員間討議も手掛けていない。まさに、春眠暁を覚えず、というていたらくである。

改革の度合いは、大都市や広域自治体ではかなり弱い。たとえば、東京23区では近年、板橋区や豊島区や港区などで議会報告会を開くようになったが、議会基本条例の制定は荒川区や板橋区などにとどまっている。住民との対話には、おおむね消極的である。

議員の政策立案の支えとなるはずの政務活動費は、大都市部の議会では大幅に増額されてきたが、議会独自の政策提案は必ずしも増えていない。活動資金があれば、業績が上がるに違いないという見方は、誤った性善説にすぎないかのようでもある。

また、通年議会の開催は、制度導入の日が浅く、従来の年4回開催という慣例に従うところが多い。形式的な意味で議会基本条例を制定する議会は多いが、改革の理念を現実化できないケースもあり、実践的な取り組みは今後に残しているところもある。居眠り・寝たきりの議会にあっては、その有権者たちも眠りこけてしまう。

●町村議会のあり方に関する研究会

総務省の「町村議会のあり方に関する研究会は2018年3月に専業議員で構成される集中専門型議会と非専業議員による多数参画型議会、および在来型議会のいずれかを選択する制度改正を提言した。しかし、政策サポーターや議会モニターによって議会と住民の結びつきを強める意義については詳しく触れることがなかった。

議会活性化のためには何よりも、議会が独自に情報発信につとめなければならない。

8　時代の変化を告げた飯綱町議会

長野県飯綱町議会報を通して改革の道筋をたどると、住民を起点とする自治の実践がみえてくる。その際立った特徴は、議員たちが住民との語らいに汗を流し、それによって住民は地域課題に敏感になったことである。

●政策サポーター制度

町民と議会が協働して政策づくりを進める政策サポーター制度は、２０１０年４月に創設された。２０１３年に開かれた政策サポーター会議では「長野市は朝７時半から８時半までと夕方４時半から６時半までの延長保育が無料となっているが、飯綱町では有料となっている」という問題提起がなされた。これを受け、町は14年４月から時間外保育の一部無料化に踏み切った。これが、いわば参加型予算編成の試みとなった。

議会から町長への「予算・政策要望書」が出されると、町長はその検討結果を書面で議会に提出する仕組みが常態化した。予算・政策要望書には、子ども条例の制定や集落振興支援策、公共交通や教育、医療など広範な事項が盛り込まれるようになった。

議会基本条例は、政策サポーター制度や議会報モニターなどを位置づけた。その規模は当初10人程度だったが、その後50人余に増やした。議会報では、モニターの意見、提案などを紹介した。

さらに飯綱町議会は、精力的に全国へ情報発信をした。２０１７年に町村議会向けの改革シンポジウムを主催し、県内町村議会の多くが参加した。ローカル・マニフェスト推進地方議員連盟は、飯綱町で研修会を開き、改革運動の全国波及に努めている。議会改革に取り組んで8年ほどの間に、全国の市町村議会のうち約１００議会から１０００人余の視察研修があった。

●政策立案の複線化

町村議員の「なり手不足」が話題となっているが、２０１７年10月の飯綱町議選（定数15）には、政策サポーター経験者ら新顔５人を含む16人が立候補した。飯綱町の体験は、なり手不足を払拭するにはどうすればいいのかを物語っている。

なり手不足の端的な事例として、高知県山間部の自治体で議会に代える「住民総会」の是非が論じられたことがあったが、この村議会では議会モニターはもとより、議会報告会も設けられていなかったのである。住民が主体的に議会にかかわる環境ではなかった。

議会報告会は、課題設定を促すタウン・ミーティングである。住民は、議会報告会や議会モニター制度、議会改革のあり方を話し合う会議などへの参加が求められる。住民たちは、意見交換会で出された意見を政策課題にすることにより、政策立案の複線化の一翼を議会とともに担うことになりそうである。

9　参加型予算の背景に地方分権

飯綱町の事例は、議会主導の参加型予算ともいうべきものである。住民参加のシステムは、自治体執行部において多用されてきたが、首長主導の住民参加は自らの優先課題に好都合なものをピックアップするのみに終わりがちであった。

●議会主導の参加型予算

一方、議会報告会は、住民との対話を政策決定に導くフォーラムであって、地域世論と議会の間のギャップを埋める手立てとなりうる。住民は地域課題にかかわる情報を得て討議し、議会が住民の多様な見解、意見を反映させた予算要望を出す。

参加型予算の参加者は、財源配分を行う権限を与えられることによって、予算や政治をよく理解するようになる。参加者は、体験を共有して学びあい、民主主義の質を高める。そうした点で、参加型予算編成は、既存の代表制民主主義を補完する役割を果たしている。

国際的にみると、住民参加型予算編成は、財政的行政的に分権化された政治構造の国でこそ構築されるものだといえよう。

たとえば、ブラジルのポルト・アレグレにおける参加型予算の背景には、憲法改正と地方財政の充実があったとされる。ブラジルでは１９８８年憲法制定により権限と税収の地方移転が明確化された。地方首長は、財源の使途について自由裁量をもった。１９８９年のポルト・アレグレにおける参加型予算は、道路舗装や上下水道、都市の環境改善、教育、保健、住宅供給などを対象として、人びとの生活の質を高める効果をもたらした。参加型政策の役所の職員の多くは、住民を誘い出すことに苦労し、会場の席は半分も埋まらないことが多かった。しかし、ポルト・アレグレでは数千人が集会に集まった。住民も政治的自由度の高まりを歓迎したのである。

このシステムは、ラテン・アメリカから北米、ヨーロッパにまで広がりつつある。

●半直接民主制

民主主義は下から権力を構築する試みなのであり、中央集権に対し分権型の政治を主張する立場である。「三割自治」も機関委任事務も、官治のトリックだった。国が地方交付税交付金、補助金を先取りしていた。通達・補助金、許認可・行政指導が、機関委任事務の手法であった。多くの自治体は住民から提起された課題に対して、国の法律や通達・補助金を当てはめるだけで、独自の政策・計画を策定することに消極的だった。

中央集権は、住民自治にウエイトを置いた制度設計の足かせとなってきたが、分権が実現すれば、大きな改革のフロンティアが眼前に広がり、権限も財源もないという理由で、国に責任を押し付けることはできなくなる。

大石眞・京都大名誉教授は２０１７年11月、都道府県議会議員研究交流大会で住民と議会の関係について「現代の代表民主制は直接民主制の要素を取り入れた半直接民主制である」、「代表制度を採りながら、場面によって国民が自ら物事を決定するもの」と述べた(自治日報 2017年 11月 17日)。分権改革があって、住民と議会の関係は様変わりしたといえよう。

10　進化する自治のかたち

地方議会改革は、地方分権改革を受けた機関委任事務の廃止や税財源移譲を経て本格化したのである。その結果、何が変わったのであろう。改めて、「1、はじめに」の冒頭に掲げた課題に立ち戻り、現状と比べてみたい。

●何が変わったか

・議会が執行部の協賛機関、首長提案への追認機関にすぎないという古いイメージはやや薄れてきた。

・アメリカのような地方行政システムの導入に至らないまでも、議会の権限を高めるさまざまな方策がとられた。それは、首長優位の二元代表制の変質を迫っている。

・予算にかかわる議案提案権は、議会主導の参加型予算編成の導入により、かなり強められた。

・分権改革により、議会の自由度が高まり、さまざまなアイデアが実践されるようになった。

・議会の自由度が高まったとはいえ、住民の議会参加の自由度はかならずしも向上していない。

・年4回の定例会の開催に代わって通年開催が少しずつ増えてきた。

・議員の政策立案を支える政務活動費が支給されるようになったが、それに比例するように政策活動が盛んになったわけではない。

・議会事務局の機能は、議会基本条例の制定などと相まって若干の強化がなされたところもある。

・議会と住民の対話は、議会報告会などを通して広がりつつある。しかし、議会モニターや政策サポーターの設置はまだ少ない。住民に政治的な覚醒を促す点で、わかりやすい効果を生み出していない。

・全国的に居眠り、寝たきり議会が地方議会の大半を占めている。そこでは、住民の多くも議会活動への関心が低く、いわば寝たきりの状態にある。

▽　▽　▽

このようにみると、地方議会は長きにわたる敗北の後、改革推進に紆余曲折を重ね、道半ばにあるというのが具体的な実感である。敗北、つまずき、屈服があったればこそ、改革に本腰が入ったともいえる。

●民主主義的改革とは

民主主義的改革とは、政策決定に対する住民参加を深めるための制度にかかわることである。それは、住民と政治機関の関係を再形成するものであり、代表制民主主義の伝統的な制度からの離脱となる。

今日のデモクラシーに対する公衆の幻滅感は、投票率の低下、政治家や政治制度への低い信頼度、住民と政策決定者の乖離などに表れている。そうではあれ、公衆は、伝統的な民主主義を超えて、住民の参画とコントロールのため新しい機会が広がることへの期待を失ったわけではない。

統治は治者によってのみ担われるのではなく、社会のすべての成員によって担われるものである。そのためには、住民が主体的に議会活動に参加する自由度の高まりが求められる。デモクラシーの政治に重要なことは、人びとの知恵や洞察、惑いや希望を共有し、草の根レベルで実践を重ねることである。それによって、人びとは身の回りの課題に前向きな心構えで取り組むようになり、新たな政治文化を興すことになる。

代表制民主主義は、たとえば選挙権の拡大にみられるように時を追って進展しており、その発展の最終段階に達したわけではない。つまり、未完のプロジェクトである。

【著者略歴】

大和田　建太郎（おおわだ・けんたろう）

ジャーナリスト

【訳書】
「あすの住宅政策　すまいの平等化へ」ディビッド・ドニソン著
（ドメス出版、1984年3月）
【共著・共訳】
「どう乗り切るか市町村合併　地域自治を充実させるために」大森彌 /〔著〕
（岩波書店、2003年3月）
「英国の地方分権改革　ブレアの挑戦」自治・分権ジャーナリストの会 / 編（日本評論社、2000年9月）
「北欧の地方分権改革　福祉国家におけるフリーコミューン実験」
ハラール・ボルデシュハイム / 編著（日本評論社、1995年8月）
「英国の病院と医療 二百年のあゆみ 1800–1948」B. エイベル・スミス / 著（健保同人社、1981年9月）.

地方自治ジャーナルブックレット No.70

二元代表制への挑戦 —議会改革と議会報—

2019年2月14日　初版発行

著　者　大和田建太郎
発行人　武内英晴
発行所　公人の友社
〒112-0002　東京都文京区小石川5-26-8
TEL 03-3811-5701　FAX 03-3811-5795
e-mail: info@koujinnotomo.com
http://koujinnotomo.com/
印刷所　倉敷印刷株式会社

ISBN978-4-87555-823-1

出版図書目録

●ご注文はお近くの書店へ
小社の本は、書店で取り寄せることができます。
●＊印は〈残部僅少〉です。品切れの場合はご容赦ください。
●直接注文の場合は
電話・FAX・メールでお申し込み下さい。
（送料は実費、価格は本体価格）

［地方自治ジャーナルブックレット］

No.10
自治体職員の能力
自治体職員能力研究会　971円

No.11
パブリックアートは幸せか
山岡義典　1,166円＊

No.12
市民が担う自治体公務
パートタイム公務員論研究会　1,359円

No.14
上流文化圏からの挑戦
山梨学院大学行政研究センター　1,166円

No.15
市民自治と直接民主制
高寄昇三　951円

No.16
議会と議員立法
上田章・五十嵐敬喜　1,600円

No.17
分権段階の自治体と政策法務
山梨学院大学行政研究センター　1,456円

No.18
地方分権と補助金改革
高寄昇三　1,200円

No.19
分権化時代の広域行政
山梨学院大学行政研究センター　1,200円

No.20
あなたの町の学級編成と地方分権
田嶋義介　1,200円

No.22
ボランティア活動の進展と自治体の役割
山梨学院大学行政研究センター　1,200円

No.23
新版2時間で学べる「介護保険」
加藤良重　800円

No.24
男女平等社会の実現と自治体の役割
山梨学院大学行政研究センター　1,200円

No.25
市民がつくる東京の環境・公害条例
市民案をつくる会　1,000円

No.26
東京都の「外形標準課税」はなぜ正当なのか
青木宗明・神田誠司　1,000円

No.27
少子高齢化社会における福祉のあり方
山梨学院大学行政研究センター　1,200円

No.28
財政再建団体
橋本行史　1,000円（品切れ）

No.29
交付税の解体と再編成
高寄昇三　1,000円

No.30
町村議会の活性化
山梨学院大学行政研究センター　1,200円

No.31
地方分権と法定外税
外川伸一　800円

No.32
東京都銀行税判決と課税自主権
高寄昇三　1,200円

No.33
都市型社会と防衛論争
松下圭一　900円

No.34
中心市街地の活性化に向けて
山梨学院大学行政研究センター　1,200円

No.35
自治体企業会計導入の戦略
高寄昇三　1,100円

No.36
行政基本条例の理論と実際
神原勝・佐藤克廣・辻道雅宣　1,100円

No.37
市民文化と自治体文化戦略
松下圭一　800円

No.38
まちづくりの新たな潮流
山梨学院大学行政研究センター　1,200円

No.39
ディスカッション三重の改革
中村征之・大森弥　1,200円

No.3
福島町の議会改革
議会基本条例＝開かれた議会づくりの集大成
溝部幸基・石堂一志・中尾修・神原勝 1,200円

No.4
議会改革はどこまですすんだか
改革8年の検証と展望
神原勝・中尾修・江藤俊昭・廣瀬克哉 1,200円

No.5
ここまで到達した芽室町議会改革
芽室町議会改革の全貌と特色
広瀬重雄・西科純・蘆田千秋・神原勝 1,200円

No.6
国会の立法権と地方自治
憲法・地方自治法・自治基本条例
西尾勝 1,200円

［自治総研ブックレット］

No.22
自治体森林政策の可能性
～国税森林環境税・森林経営管理法を手がかりに
飛田博史編・諸富徹・西尾隆・相川高信・木藤誠・平石稔・今井照 1,500円

［単行本］

フィンランドを世界一に導いた100の社会改革
編著 イルカ・タイパレ 訳 山田眞知子 2,800円

公共経営学入門
編著 ボーベル・ラフラー
訳 みえガバナンス研究会
監修 稲澤克祐、紀平美智子 2,500円

変えよう地方議会
～3・11後の自治に向けて
編著 河北新報社編集局 2,000円

自治体職員研修の法構造
田中孝男 2,800円

自治基本条例は活きているか?!
～ニセコ町まちづくり基本条例の10年
編 木佐茂男・片山健也・名塚昭 2,000円

国立景観訴訟～自治が裁かれる
編著 五十嵐敬喜・上原公子 2,800円

成熟と洗練～日本再構築ノート
松下圭一 2,500円

地方自治制度「再編論議」の深層
監修 木佐茂男
青山彰久・国分高史一 1,500円

韓国における地方分権改革の分析～弱い大統領と地域主義の政治経済学
尹誠國 1,400円

自治体国際政策論
～自治体国際事務の理論と実践
楠本利夫 1,400円

自治体職員の「専門性」概念
～可視化による能力開発への展開
林奈生子 3,500円

アニメの像VS.アートプロジェクト～まちとアートの関係史
竹田直樹 1,600円

NPOと行政の《協働》活動における「成果要因」
～成果へのプロセスをいかにマネジメントするか
矢代隆嗣 3,500円

おかいもの革命
消費者と流通販売者の相互学習型プラットホームによる低酸素型社会の創出
編著 おかいもの革命プロジェクト 2,000円

原発再稼働と自治体の選択
原発立地交付金の解剖
高寄昇三 2,200円

「地方創生」で地方消滅は阻止できるか
地方再生策と補助金改革
高寄昇三 2,400円

総合計画の新潮流
自治体経営を支えるトータル・システムの構築
監修・著 玉村雅敏
編集 日本生産性本部 2,400円

総合計画の理論と実務
行財政縮小時代の自治体戦略
編著 神原勝・大矢野修 3,400円

自治体の人事評価がよくわかる本
これからの人材マネジメントと人事評価
小堀喜康 1,400円

だれが地域を救えるのか
作られた「地方消滅」 島田恵司 1,700円

分権危惧論の検証
教育・都市計画・福祉を題材にして
編著 嶋田暁文・木佐茂男
著 青木栄一・野口和雄・沼尾波子 2,000円

地方自治の基礎概念
住民・住所・自治体をどうとらえるか?
編著 嶋田暁文・阿部昌樹・木佐茂男
著 太田匡彦・金井利之・飯島淳子 2,600円

松下圭一＊私の仕事―著述目録
松下圭一 1,500円

地域創世への挑戦
住み続ける地域づくりの処方箋
監修・著 長瀬光市
著 縮小都市研究会 2,600円

自治体広報はプロションの時代からコミュニケーションの時代へ
マーケティングの視点が自治体の行政広報を変える
鈴木勇紀 3,500円

「大大阪」時代を築いた男
評伝・関一（第7代目大阪市長）
大山勝男 2,600円

自治体議会の政策サイクル
議会改革を住民福祉の向上につなげるために
編著 江藤俊昭
著 石堂一志・中道俊之・横山淳・西科純 2,300円

挽歌の宛先 祈りと震災
編著 河北新報社編集局 1,600円

新訂 自治体法務入門
編 田中孝男・木佐茂男 2,700円

政治倫理条例のすべて
クリーンな地方政治のために
斎藤 文男 2,200円

福島インサイドストーリー
役場職員が見た避難と震災復興
編著 今井照・自治体政策研究会 2,400円

原発被災地の復興シナリオ・プランニング
編著 金井利之・今井照 2,200円

自治体の政策形成マネジメント入門
矢代隆嗣 2,700円

介護保険制度の強さと脆さ
2018年改正と問題点
編著 鏡諭 企画東京自治研究センター 2,600円

「質問力」でつくる政策議会
土山希美枝 2,500円

ひとり戸籍の幼児問題とマイノリティの人権に関する研究
稲垣陽子 3,700円

離島は寶島 沖縄の離島の耕作放棄地研究
斎藤正己 3,800円

「地方自治の責任部局」の研究
その存続メカニズムと軌跡［1947-2000］
谷本有美子 3,500円

［自治体危機叢書］

2000年分権改革と自治体危機
松下圭一 1,500円

自治体財政破綻の危機・管理
加藤良重 1,400円

自治体連携と受援力
もう国に依存できない
神谷 秀之・桜井 誠一 1,600円

政策転換への新シナリオ
小口進一 1,500円

住民監査請求制度の危機と課題
田中孝男 1,500円

政府財政支援と被災自治体財政
東日本・阪神大震災と地方財政
高寄昇三 1,600円

震災復旧・復興と「国の壁」
神谷秀之 2,000円

自治体財政のムダを洗い出す
財政再建の処方箋
高寄昇三 2,300円

「政務活動費」ここが問題だ
改善と有効活用を提案
宮沢昭夫 2,400円

「ふるさと納税」「原大学誘致」で地方は再生できるのか
高寄昇三 2,400円

［京都府立大学京都地域未来創造センターブックレット］

No.1
地域貢献としての「大学発シンクタンク」
京都政策研究センター（KPI）の挑戦
編著 青山公三・小沢修司・杉岡秀紀・藤沢実 1,000円

No.2
もうひとつの「自治体行革」
住民満足度向上へつなげる
編著 青山公三・小沢修司・杉岡秀紀・藤沢実 1,000円

No.3
地域力再生とプロボノ
行政におけるプロボノ活用の最前線
編著 杉岡秀紀
著 青山公三・鈴木康久・山本伶奈 1,000円

No.4
地域創生の最前線
地方創生から地域創生へ
監修・解説 増田寛也
編著 青山公三・小沢修司・杉岡秀紀・菱木智一 1,000円

No.5
現場から見た「子どもの貧困」対策
行政・地域・学校の現場から
編著 小沢修司 1,000円

［福島大学ブックレット「21世紀の市民講座」］

No.1
外国人労働者と地域社会の未来
著：桑原靖夫・香川孝三、編：坂本恵 900円

No.2
自治体政策研究ノート
今井照 900円

No.3
住民による「まちづくり」の作法
今西一男 1,000円

No.4
格差・貧困社会における市民の権利擁護
金子勝 900円

No.6
今なぜ権利擁護か
ネットワークの重要性
高野範城・新村繁文 1,000円

No.7
小規模自治体の可能性を探る
保母武彦・菅野典雄・佐藤力・竹内是俊・松野光伸 1,000円

No.8
小規模自治体の生きる道
連合自治の構築をめざして
神原勝 900円

No.9
文化資産としての美術館利用
地域の教育・文化的生活に資する方法研究と実践
辻みどり・田村奈保子・真歩仁しょうん　900円

No.10
フクシマで“日本国憲法〈前文〉”を読む
家族で語ろう憲法のこと
金井光生　1,000円

［地方自治土曜講座ブックレット］

No.2
自治体の政策研究
森啓　500円＊

No.3
現代政治と地方分権
山口二郎　500円＊

No.4
行政手続と市民参加
畠山武道　500円＊

No.5
成熟型社会の地方自治像
間島正秀　500円＊

No.6
自治体法務とは何か
木佐茂男　500円＊

No.7
自治と参加　アメリカの事例から
佐藤克廣　500円＊

No.8
政策開発の現場から
小林勝彦・大石和也・川村喜芳　800円＊

No.21
分権時代の自治体経営
北良治・佐藤克廣・大久保尚孝　600円＊

No.22
地方分権推進委員会勧告とこれからの地方自治
西尾勝　500円＊

No.23
産業廃棄物と法
畠山武道　600円＊

No.25
自治体の施策原価と事業別予算
小口進一　600円＊

No.27
比較してみる地方自治
田口晃・山口二郎　600円＊

No.29
自治体の課題とこれから
逢坂誠二　400円＊

No.31
地域の産業をどう育てるか
金井一頼　600円＊

No.32
金融改革と地方自治体
宮脇淳　600円＊

No.33
ローカルデモクラシーの統治能力
山口二郎　400円＊

No.34
政策立案過程への戦略計画手法の導入　佐藤克廣　500円＊

No.35
「変革の時」の自治を考える
神原昭子・磯田憲一・大和田健太郎　600円＊

No.37
分権時代の政策法務
礒崎初仁　600円＊

No.38
地方分権と法解釈の自治
兼子仁　400円＊

No.39
「近代」の構造転換と新しい「市民社会」への展望
今井弘道　500円＊

No.40
自治基本条例への展望
辻道雅宣　400円＊

No.41
少子高齢社会の自治体の福祉法務
加藤良重　400円＊

No.42
改革の主体は現場にあり
山田孝夫　900円

No.43
自治と分権の政治学
鳴海正泰　1,100円

No.44
公共政策と住民参加
宮本憲一　1,100円＊

No.45
農業を基軸としたまちづくり
小林康雄　800円

No.46
これからの北海道農業とまちづくり
篠田久雄　800円

No.47
自治の中に自治を求めて
佐藤守　1,000円

No.48
介護保険は何をかえるのか
池田省三　1,100円

No.49
介護保険と広域連合
大西幸雄　1,000円

No.50
自治体職員の政策水準
森啓　1,100円

No.51
分権型社会と条例づくり
篠原一　1,000円

No.52
自治体における政策評価の課題
佐藤克廣　1,000円

No.53
小さな町の議員と自治体
室埼正之　900円

No.55
改正地方自治法とアカウンタビリティ
鈴木庸夫　1,200円

No.56
財政運営と公会計制度
宮脇淳　1,100円

No.59
環境自治体とＩＳＯ
畠山武道　700円

No.60
転型期自治体の発想と手法
松下圭一　900円

No.61
分権の可能性
スコットランドと北海道
山口二郎 600円

No.62
機能重視型政策の分析過程と財務情報
宮脇淳 800円

No.63
自治体の広域連携
佐藤克廣 900円

No.64
分権時代における地域経営
見野全 700円

No.65
町村合併は住民自治の区域の変更である
森啓 800円

No.66
自治体学のすすめ
田村明 900円

No.67
市民・行政・議会のパートナシップを目指して
松山哲男 700円

No.69
新地方自治法と自治体の自立
井川博 900円

No.70
分権型社会の地方財政
神野直彦 1,000円

No.71
自然と共生した町づくり
宮崎県・綾町
森山喜代香 700円

No.72
情報共有と自治体改革
片山健也 1,000円

No.73
地域民主主義の活性化と自治体改革
山口二郎 900円

No.74
分権は市民への権限委譲
上原公子 1,000円

No.75
今、なぜ合併か
瀬戸亀男 800円

No.76
市町村合併をめぐる状況分析
小西砂千夫 800円

No.78
ポスト公共事業社会と自治体政策
五十嵐敬喜 800円

No.80
自治体人事政策の改革
森啓 800円

No.83
北海道経済の戦略と戦術
宮脇淳 800円

No.84
地域おこしを考える視点
矢作弘 700円

No.87
北海道行政基本条例論
神原勝 1,100円

No.91
協働のまちづくり
三鷹市の様々な取組みから
秋元政三 700円＊

No.92
シビル・ミニマム再考
松下圭一 900円

No.93
市町村合併の財政論
高木健二 800円＊

No.95
市町村行政改革の方向性
佐藤克廣 800円

No.96
創造都市と日本社会の再生
佐々木雅幸 900円

No.97
地方政治の活性化と地域政策
山口二郎 800円

No.98
多治見市の総合計画に基づく政策実行
西寺雅也 800円

No.99
自治体の政策形成力
森啓 700円

No.100
自治体再構築の市民戦略
松下圭一 900円

No.101
維持可能な社会と自治体
宮本憲一 900円

No.102
道州制の論点と北海道
佐藤克廣 1,000円

No.103
自治基本条例の理論と方法
神原勝 1,100円

No.107
公共をめぐる攻防
樽見弘紀 600円

No.108
三位一体改革と自治体財政
岡本全勝・山本邦彦・北良治・逢坂誠二・川村喜芳 1,000円

No.109
連合自治の可能性を求めて
松岡市郎・堀則文・三本英司・佐藤克廣・砂川敏文・北良治他 1,000円

No.110
「市町村合併」の次は「道州制」か
森啓 900円

No.111
コミュニティビジネスと建設帰農
松本懿・佐藤吉彦・橋場利夫・山北博明・飯野政一・神原勝 1,000円

No.112
「小さな政府」論とはなにか
牧野富夫 700円

No.113
栗山町発・議会基本条例
橋場利勝・神原勝 1,200円

No.114
北海道の先進事例に学ぶ
宮谷内留雄・安斎保・見野全・佐藤克廣・神原勝 1,000円

No.115
地方分権改革の道筋
西尾勝 1,200円

No.116
転換期における日本社会の可能性～維持可能な内発的発展
宮本憲一 1,100円